AMÉRIQUE DU NORD

LETTRE

AU CORPS LÉGISLATIF

PARIS

IMPRIMERIE DE L. TINTERLIN ET C⁰

RUE NEUVE-DES-BONS-ENFANTS, 3.

1864

AMÉRIQUE DU NORD

LETTRE AU CORPS LÉGISLATIF

MONSIEUR LE PRÉSIDENT

ET

MESSIEURS LES MEMBRES DU CORPS LÉGISLATIF

Messieurs,

Voici la troisième fois que vous vous réunissez depuis que les États-Unis ont envahi la Virginie et que le sang inonde l'Amérique ; trois ans que la France voit gémir son commerce et son industrie, et loin qu'on puisse espérer le retour d'une paix prochaine, tout, au contraire, fait présager un avenir plus sombre encore. Le Nord donne chaque jour à ses armements des proportions de plus en plus formidables. Il dépeuple l'Irlande et l'Allemagne pour augmenter les cadres de ses armées, il

désemplit les arsenaux anglais pour armer ces nou-
veaux soldats. Le dernier message de M. Lincoln
peut se résumer ainsi : *Guerre à outrance, guerre
d'extermination.*

Eclairé par les faits qui se passent sous ses yeux,
le Sud n'ignore pas le sort qui l'attendrait au jour
de la défaite. Les Confédérés savent que la loi de
confiscation générale est là, toute frémissante, n'at-
tendant que le dernier coup de canon pour bannir
les rebelles et partager entre les vainqueurs les
terres des vaincus (1). Aussi le message de Jefferson Davis indique-t-il que ses concitoyens sont dé-
terminés à périr tous sur les champs de bataille
plutôt que de former ensemble un peuple de vaincus voué d'avance à la mort sociale, à la mort politique.

Vous, Messieurs, qui aimez la France comme

(1) Dans une lettre écrite par un officier fédéral à un de ses amis,
et publiée dans *le New-York Herald*, on trouve ce passage très-
instructif : « Le climat du Sud est doux, la fertilité du sol admirable.
Avec le domaine d'un seul de ces *cavaliers* du Sud, nous pourrons
faire vingt-cinq à trente fermes. Dites à nos amis du Hampshire et
du Connecticut de venir nous rejoindre avec tous les instruments
d'exploitation nécessaires. » .

nous aimons notre pays, vous qui avez vu votre
patrie envahie, vous qui avez applaudi aux patrio-
tiques paroles de l'Empereur : « Les traités de 1815
n'existent plus, » vous devez comprendre, plus encore, vous devez admirer le courage avec lequel
nous combattons le géant qui veut absorber notre
nationalité. Ne cherchez pas ailleurs que dans
le sentiment divin qui attache l'homme au sol qui
l'a vu naître, le secret de notre énergie. C'est ce
sentiment qui électrise le pays tout entier et donne
au gouvernement confédéré la puissance de résister à une nation assez forte pour lever des armées
d'un million d'hommes, et assez riche pour main-
tenir son crédit en présence d'une dette de 15
milliards de francs contractée en moins de trois
ans. Un peuple qui a su opérer un pareil prodige
a suffisamment affirmé son existence nationale.
Mais si, faute d'une reconnaissance officielle, il
venait à succomber sous le nombre des cohortes
sans cesse expédiées de l'Europe, il ne pourrait
que léguer aux gouvernements étrangers le regret
tardif, peut-être même le remords d'avoir méconnu
ses justes droits.

L'Union n'existe plus. Elle ne peut renaître que sur les cendres de la génération qui habite actuellement la confédération du Sud. Annoncer à l'Europe la reconstruction prochaine de cette union, comme vient de le faire M. Lincoln, c'est lui déclarer son intention formelle d'exterminer le Sud afin de contracter un nouveau mariage politique avec le cadavre des États confédérés. Le Président des États-Unis ne laisse pas de doute à cet égard ; lisez sa proclamation offrant une amnistie au Sud. Les exceptions qu'elle énumère sont si nombreuses qu'elle ne profiterait qu'aux femmes, et encore en est-il beaucoup qui se trouveraient exclues de ce pardon présidentiel. On se demande avec effroi ce que M. Lincoln entend faire de ceux auxquels sa *clémence* ne s'étend pas. Le défaut de pardon entraîne nécessairement l'idée de châtiment, et M. Lincoln se tait sur celui qu'il leur réserve. Que peut-il être sinon l'exil ou la mort ? Les États-Unis réussiront-ils à consommer cet immense holocauste ? l'avenir nous l'apprendra : cependant il ne saurait s'accomplir avant de nombreuses années, et sans l'assentiment, au moins tacite, de l'Europe.

S'il est des nations européennes assez égoïstes ou assez imprévoyantes pour laisser M. Lincoln poursuivre sans obstacle cette œuvre de destruction, la France assurément ne peut être de ce nombre. D'abord, son caractère généreux, sa nature chevaleresque, se révolteraient à l'idée d'un pareil forfait : puis ses intérêts commerciaux et politiques la convient à élever sa voix puissante pour arrêter, pendant qu'il en est temps encore, ce carnage qui déshonore l'humanité. Telle devait être la pensée de l'Empereur, lorsqu'il essayait de décider l'Angleterre à se joindre à lui pour ramener la paix et la concorde en Amérique. Le refus du cabinet anglais de s'associer à cette noble tentative devrait suffire, à défaut d'autres raisons, pour indiquer à la France de quel côté se trouvent ses véritables intérêts.

Jetez un coup d'œil sur la carte de l'Amérique du Nord ; rendez-vous compte des races qui ont peuplé cet immense pays, étudiez leurs mœurs, et vous serez sans doute surpris de découvrir que la célèbre ligne de *Mason et Dixon*, sur laquelle reposait le compromis américain de 1820, était moins l'œuvre d'une fiction politique, qu'une démarcation tracée entre deux peuples ayant des origines différentes, entre deux nations déjà ennemies. En effet, au nord de cette ligne sont agglomérés les Anglo-Saxons, les puritains, les Allemands. Au sud de cette même ligne, dans la Louisiane, se trouvent les descendants des Français, dans les Florides les enfants des Espagnols, dans la Virginie, les Carolines et la Géorgie, vivent les petits-fils des *cavaliers*, restés fidèles à la dynastie des Stuarts, qui furent toujours les amis sincères de la France.

Les puritains ont implanté en Amérique les traits dominants de la race anglo-saxonne. Anglais et Yankees ont même orgueil et même persévérance, même politique égoïste et même ardeur pour la conquête, même dédain pour les lois internationales quand leurs intérêts sont en jeu, enfin même mépris pour les droits des puissances qu'ils croient incapables de leur résister. Aussi la politique des États-Unis est-elle généralement calquée sur celle de la mère-patrie, voyez plutôt :

Les États-Unis ont refusé d'accepter les stipulations du Congrès de Paris relatives aux blocus ;

l'Angleterre n'y a accédé qu'avec l'intention de les violer à la première occasion, ce qu'elle n'a pas manqué de faire à l'endroit du blocus américain (1).

Les États-Unis n'ont pas cru devoir agir de concert avec la France dans la question mexicaine :

(1) Message de Jefferson Davis.

« Le port bloqué, dit Bourdet dans son *Manuel des Marins*, est celui dont *toutes* les sorties et *toutes* les entrées sont occupées et rigoureusement gardées par des vaisseaux de guerre, de façon à ce qu'on ne puisse ni sortir ni entrer *sans être pris.* »

Le Congrès de Paris, voulant étendre encore davantage le droit des neutres, a proclamé, paragraphe 4° : « Les blocus, pour être *obligatoires*, doivent être effectifs, c'est-à-dire *maintenus* par une force suffisante pour interdire réellement l'accès du *littoral* ennemi. »

Tels sont les principes généraux du droit public international.

Le *Times* de Londres du 2 janvier 1864, nous apprend jusqu'à quel point le blocus fédéral des ports confédérés est effectif : « Trois cents navires à vapeur, dit ce journal, tous très-fins marcheurs, sont actuellement engagés à forcer le blocus américain. Ils naviguent entre Bermuda et Wilmington, port confédéré de la Caroline du Nord, et livrent journellement au commerce de cette dernière ville des marchandises et de la contrebande de guerre pour une valeur de cinq à six millions de francs.

Malgré ces faits, lord John Russell reconnaît la légalité de ce blocus sur papier. Malgré les stipulations du Congrès de Paris, l'Europe le tolère.

L'Angleterre n'a paru vous suivre que pour vous abandonner tout aussitôt.

L'Angleterre vient de refuser de participer au Congrès européen proposé par l'Empereur : les États-Unis fêtent les officiers moscovites et cherchent à former une alliance avec la Russie, si déjà elle n'est secrètement effectuée.

M. Seward s'entend donc parfaitement avec lord John Russell. Leurs querelles apparentes sont comme ces dissensions fraternelles, qui se transforment en alliance indissoluble dès que la famille se trouve attaquée. Si le cabinet anglais n'avait pas cette assurance, lui qui se montre ordinairement si jaloux des constructions maritimes des autres puissances, fournirait-il donc aux fédéraux, en violation des lois de neutralité, les innombrables canons dont ils arment leurs flottes; et refuserait-il, malgré ces mêmes lois, de laisser sortir des ports de l'Angleterre les quelques navires qu'il soupçonne destinés à inquiéter la marine fédérale? Évidemment non. Et pour agir ainsi il faut que lord Russell soit bien sûr de ses amis de Washington.

Les mêmes raisons politiques qui, au dix-huitième siècle portèrent la France à aider les colonies américaines contre leur mère-patrie, subsistent aujourd'hui tout entières pour vous conseiller d'être favorables au Sud. La France jugeait alors nécessaire d'amoindrir la puissance maritime de l'Angleterre qui menaçait d'accaparer les mers; il serait encore plus prudent aujourd'hui de ne pas trop laisser grandir les flottes fédérales sans essayer de les équilibrer par celles des États-Confédérés. La guerre américaine a puissamment développé les instincts belliqueux du Nord, et le gouvernement fédéral en a très-habilement profité pour armer cinq cent quatre-vingt-huit navires depuis le commencement des hostilités (1).

On dira sans doute que ces navires, pour la plupart, ne soutiendraient pas le premier feu d'un navire de guerre français; cela doit être. La jactance si bien établie du cabinet unioniste donne à supposer que le rapport de M. Welles, ministre de la marine, a beaucoup exagéré la puissance de la marine fédérale. Mais qu'on permette aux États-Unis

(1) Message du Président des États-Unis.

d'achever les *Léviathans* cuirassés qui sont sur leurs chantiers ; qu'on les laisse se rendre maîtres des ports confédérés ; et, avec les bois de construction navale dont se hérisse le littoral du Sud (1), avec le fer si renommé de la Pensylvanie, avec les usines sans nombre qui encombrent le Nord, et les chantiers maritimes dont fourmillent ses ports (2), il pourrait, en peu de temps, lancer et armer assez de navires cuirassés pour défier toutes les flottes combinées de l'Europe, fermer hermétiquement le golfe du Mexique au commerce du monde, et en faire un lac américain.

L'Empire n'a-t-il tant développé votre agriculture et votre industrie nationales que pour laisser proscrire des États-Unis vos produits (3), n'a-t-il pro-·

(1) Avant la guerre américaine et le blocus des ports confédérés, le gouvernement français importait une grande quantité de ces bois.

(2) Les principaux chantiers maritimes des États-Unis sont : Nantucket, Rochester, Providence, Brunswick, Bath, Bristol, Portland, Portsmouth, New-Burryport, Salem, Boston, New-Port, Stonington, Brooklyn, New-York, Philadelphia, Baltimore, Washington, Norfolk, Pensacola, Cincinnati.

(3) Les nouvelles de New-York à la date du 11 décembre 1863, ont annoncé que le ministre des finances avait proposé une augmenta-

clamé et maintenu sa neutralité que pour fournir
aux États-Unis l'occasion de les bannir plus tard
de l'Amérique du Nord (1)?

tion de 60 cents (3 francs) par gallon sur les esprits, et de 20 cents
(1 franc) par livre sur le tabac en feuilles.

(1) Les statistiques américaines de 1860 portent la population du
Sud à 12,133,125 habitants. Elles énumèrent comme suit les produits
des États qui se sont depuis détachés de l'Union :

Céréales	1,877,268,210 fr.
Coton.	1,162,174,615
Sucres, mélasses et sirops.	156,990,205
Tabac.	105,370,190
Riz.	11,035,746
Bois de construction.	
Térébenthine, bétail, etc., etc.	265,035,784
Total.	3,578,780,750

Les mêmes statistiques évaluent la consommation totale de ces
mêmes États à fr. 3,078,780,780, et décomposent ce chiffre de la
façon suivante :

Produits manufacturés dans le Sud.	622,800,600 fr
Produits manufacturés dans le Nord et expédiés dans le Sud.	1,700,000,000
Produits manufacturés en Europe, et importés dans le Sud, en grande partie par le Nord. . . .	866,884,000
Somme égale.	3,078,780,780 fr.

Elles établissent donc entre la production et la consommation une
différence de fr. 300,000,000 au profit des États confédérés qui, nous

Les esprits optimistes semblent contempler avec satisfaction cet accroissement rapide de la marine militaire des États-Unis ; comptant sans doute sur leur reconnaissance, ils espèrent les trouver avec la France à l'heure du danger.

Voyons donc, Messieurs, si le passé de l'Union américaine répond à cet espoir de l'avenir.

Sous le gouvernement de Juillet, les États-Unis, exploitant l'aversion du roi Louis-Philippe pour la guerre, ont extorqué à la France 25 millions de francs qui ne leur étaient rien moins que dus.

Pendant que vos soldats soutenaient l'honneur

forme de fret, d'assurances, de commissions et de droits, passaient tous les ans dans les caisses du Nord.

L'indépendance des États confédérés brise non-seulement les liens politiques qui les unissaient aux États-Unis, mais encore toutes leurs relations commerciales avec le Nord. Avec la séparation et la reconnaissance tombe le système protecteur si avantageux pour les États du Nord, si désastreux pour les États du Sud, et surtout si hostile à l'industrie européenne.

Prompts à adopter les principes économiques qu'ils ont défendus sans succès tant qu'ils faisaient partie de l'Union, les États confédérés ont inscrit dans leur nouvelle Constitution le principe de la liberté commerciale. « *Tous droits protecteurs*, dit leur Constitution, *sont formellement prohibés !* »

de votre drapeau en Crimée, les États-Unis, non-
seulement faisaient des vœux pour le succès des
armes russes, mais encore ils fournissaient à l'empereur Nicolas de la contrebande de guerre, et leurs
journaux reproduisaient tous les jours en tête
de leurs colonnes cette phrase stéréotypée. « *Se-
bastopol not yet' taken* » Sébastopol est encore à
prendre.

Lisez maintenant ce que disait M. H. Winter
Davis, membre du comité des affaires étrangères à
la Chambre des représentants, dans un discours
qu'il adressait à une assemblée tenue à Philadel-
phie, la ville natale du célèbre docteur Franklin que
la France reçut comme un de ses propres enfants.
« Lorsque nous aurons écrasé la rébellion, » disait-
il, « nous réglerons nos comptes avec la France ;
« il nous faudra punir sa perfide neutralité : Elle a
« péché contre la doctrine Monroe, elle a envahi le
« Mexique. Nos régiments noirs iront prendre pos-
« session des palais des Montezumas et en chasser
« Napoléon. »

Etait-ce donc par reconnaissance pour la France
que le général Butler plaçait des factionnaires aux

pprtes du consulat français pour le garder à vue, qu'il maltraitait les Français résidant à la Nouvelle-Orléans et répondait à ceux qui venaient lui exposer leurs griefs : « Vous êtes venus ici de votre propre « mouvement ; si les mesures adoptées par le gou- « vernement des États-Unis ne vous conviennent « pas, vous pouvez retourner en France, et votre « départ ne nous laissera aucuns regrets. » Ce général a été promu depuis au commandement du département de la Caroline du Nord.

C'est encore pour obéir à ce même sentiment, que les officiers fédéraux voyant le navire français le *Prony* en détresse, passèrent près de lui sans lui porter secours, tandis que les marins confédérés bravaient les feux de la forteresse Monroe pour le sauver et le conduire au port.

Bien que la France ait eu des scrupules de neutralité jusqu'à ce jour, au point de méconnaître les droits du Sud, le *New-York-Herald*, miroir fidèle du sentiment populaire des États-Unis, porte le général Grant à la candidature présidentielle de 1864, et propose comme devise pour la campagne électorale : « Expulsion de l'armée française du Mexique. »

Ce qui équivaut au cri de « Guerre à la France. »

Si, malgré tous ces faits qui se sont passés à des époques différentes, mais d'une façon suivie, comme pour mieux mettre en relief et caractériser le brutal égoïsme et la noire ingratitude des hommes du Nord, ceux qui ont épousé la cause unioniste persistent encore à croire aux vertus des Yankees, il ne me resterait plus qu'à plaindre leur fatal aveuglement.

Et maintenant, que la France porte ses regards vers les États confédérés. Il lui sera peut-être difficile de ne pas se sentir frappée elle-même par les armes fédérales. L'ancien territoire de la Louisiane, cédé aux États-Unis par Napoléon Ier, s'étend depuis l'embouchure du Mississipi jusqu'aux Montagnes Rocheuses. Il a formé bon nombre des Etats qui ont lié leur destinée à celle de la Confédération du Sud. C'est là que circule le sang français; c'est là que vivent ses traditions. Mais aussi c'est là que les colères fédérales se sont le plus lourdement appesanties. C'est à la Nouvelle-Orléans que tout d'abord les lois de confiscation ont été appliquées avec la plus inexorable sévérité; c'est de cette ville

enfin qu'ont été chassées, presque nues, et par
milliers, des familles dont le seul crime était d'ai-
mer la Louisiane.

Ah ! Messieurs, que vos cœurs se laissent endor-
mir aux sons perfides du pseudo-libéralisme et de
la pseudo-philanthropie unioniste, et un jour, mais
trop tard, votre raison, surprise de trouver une
nation ennemie là où vivait un peuple ami, s'in-
dignera d'avoir sacrifié un allié naturel à un men-
songe humanitaire.

S'il doit être pénible pour les hommes d'État de
voir s'éteindre au loin l'influence que leur pays avait
légitimement acquise, comment essaierai-je de dé-
peindre le sentiment qui s'emparera de votre âme,
quand vous reconnaîtrez que cette influence a dis-
paru pour faire place à la haine?

Tel est cependant le but vers lequel tend la
politique du Nord. Et si vous croyez ce danger
imaginaire, veuillez une dernière fois tourner vos
regards sur ces armées fédérales qui dévastent sans
pitié cet ancien territoire Louisianais. D'où vien-
nent ces soldats? de l'Irlande et de l'Allemagne.
Est-ce donc par patriotisme que ces étrangers s'em-

pressent d'aller combattre sous les drapeaux unionistes? Non : ils ne traversent les mers et ne vont exposer leur vie que dans l'espoir de conquérir les territoires confédérés, dont l'homme essentiellement médiocre qui règne à Washington leur a promis le partage. Qu'avez-vous à attendre de ces mercenaires que M. Lincoln appelle (1) à grands cris pour détruire les populations du Sud et les remplacer? M. Dupin l'a dit au Sénat : « L'unité allemande est spécialement dirigée contre la France. » Cette idée d'unité qui travaille la Confédération Germanique, vous la trouveriez implantée par bouture dans les États du Sud avec les soldats que l'Allemagne fournit au Nord, si celui-ci venait finalement à triompher.

Croyant avoir suffisamment démontré toute l'importance que la France doit attacher à ce que la séparation devienne un fait irrévocablement accompli, je ne puis me taire sur la question de l'émancipation, que le Nord, ses ministres, ses envoyés et ses amis n'ont leurré la France que pour lui faire perdre de vue ses véritables intérêts politiques.

(1) Dernier message de M. Lincoln.

Messieurs, si l'institution de l'esclavage est un crime, les Confédérés ont évidemment le droit d'en faire remonter la responsabilité jusqu'à la France, l'Angleterre et l'Espagne. Nous n'adressons pas de reproches à ces trois puissances ; bien au contraire, nous les remercions de nous avoir fourni cette occasion de transformer en chrétiens les barbares qu'elles nous ont livrés. Ces Noirs que le Nord méprise jusqu'à vouloir les exterminer afin de prendre la place qu'ils occupent au soleil, comme il a massacré les Peaux-Rouges pour s'emparer de leurs terres, ces Noirs ont grandi au milieu de nous, avec nous ils vivent en parfaite harmonie ; ils sont nos amis. Vous venez de les voir rejeter avec indignation le poignard que leur offrait M. Lincoln, pour se dévouer librement à la garde des femmes et des enfants de leurs maîtres absents, devenus soldats de l'Indépendance. Quel plus bel éloge les Confédérés sauraient-ils envier que cette loyauté absolue de la part de ceux-là mêmes sur lesquels le Nord comptait pour les écraser ?

Mais c'est ici le cas ou jamais de préciser la valeur de ces mots : « Abolitionistes, » « Esclavagistes, »

qui tourmentent l'opinion publique de la France
sans avoir pu l'éclairer jusqu'ici. Dans le Nord,
« Abolitionniste » est le nom par lequel on désigne
le parti qui a porté M. Lincoln à la présidence, et
qui, avec lui, demande la proscription, voire même
au besoin l'extirpation de la race noire. Ce parti la
considère comme un obstacle à la reconstruction
de l'Union, comme un élément de force et de puissance, qu'il faut à tout prix arracher à la Confédération du Sud (1).

Vous pouvez juger, du reste, de l'amour que les
abolitionistes ont pour les Noirs, par les paroles
que M. Beecher adressait à ses ouailles avant de
venir édifier l'Angleterre sur la sincérité de la phi-
lanthropie nordiste. « Maintenant, disait-il, que les
défrichements ont assaini les territoires confédérés,
la tâche des Noirs est terminée, leur mission rem-
plie. Pourquoi, en effet, leur serait-il permis de
jouir à perpétuité du bien-être que donnent le climat
du Sud et la richesse de son sol, lorsque notre propre race, déjà trop agglomérée, est obligée d'aller

(1) Dernier message de M. Lincoln.

s'exposer aux rigueurs climatériques de l'extrême Ouest. »

Le Nord, par opposition, appelle les Confédérés « *Esclavagistes,* » parce qu'ils se sont opposés et s'opposent encore à cette proscription qu'ils regardent comme une monstruosité, et qu'ils entendent défendre contre un pareil attentat les Noirs que leur ont légués vos aïeux.

Je vous ai fidèlement dépeint le caractère de la guerre américaine, indiqué les mesures odieuses auxquelles le Nord ne craint pas de recourir pour reconstruire l'Union, ainsi que les conséquences probables que cette réunion, si jamais elle était possible, pourrait avoir sur les intérêts politiques de la France. Vous connaissez la valeur réelle des mots : « Abolitionistes, » « Esclavagistes. » Vous n'ignorez plus les sinistres desseins du cabinet de Washington, car si vous avez lu le denier message présidentiel et la proclamation d'amnistie, vous n'avez pas oublié la réponse que fit M. Lincoln à la députation noire qui réclamait pour les hommes de couleur libres du Nord, ses droits de citoyenneté américaine.

Parlez maintenant et dites-nous :

Nous faut-il prêter la main au Nord pour déporter la race noire dans un pays sauvage et l'y laisser sans asile et sans ressources ?

Nous faut-il maudire la mémoire de Jackson ?

Nous faut-il acheter la paix et la vie au prix de la trahison, et livrer à la vengeance du potentat nordiste, nos chefs dévoués, Jefferson Davis, Lee, Beauregard, Polignac, et tous ces généraux qui nous ont si souvent conduits à la victoire ?

Nous faut-il fuir nos foyers et abandonner sans défense nos femmes et nos filles à la concupiscence de nos envahisseurs? Dites-nous, la France, cette terre classique de la chevalerie et de l'honneur, la France, que vous représentez, nous conseillerait-elle par votre voix cette honteuse lâcheté ?

Vos consciences indignées tremblent peut-être de nous voir souscrire à de pareilles infamies. Rassurez-vous : Les Confédérés ne failliront pas aux devoirs sacrés que leur a imposés votre héritage. Ils défendront leur pays, leurs familles et leurs libertés : Ils feront vivre au milieu d'eux ces Noirs tant méprisés par le Nord, pour récompenser dignement

leur noble dévouement et les associer à leur destinée, ou bien, martyrs de l'infernale ambition du
Nord et de l'invasion germanico-irlandaise, les habitants du Sud périront tous ensemble dans leur
commune patrie.

PAUL PECQUET DU BELLET.

FIN

Paris. — Imp. de L. Tinterlin, rue Neuve-des-Bons-Enfants, 3.